57쪽

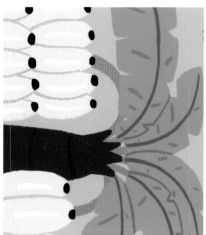

61쪽

〈'참 잘했어요'에 붙이세요.〉

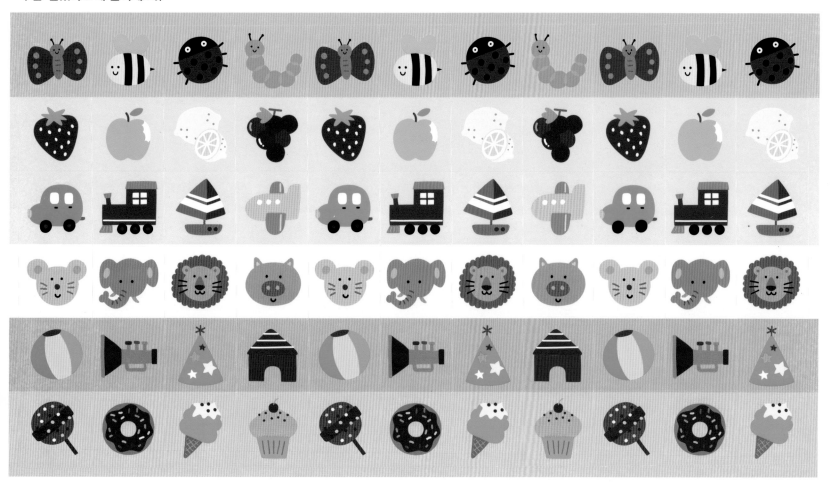

우리 집 물건들

우리 집 물건들이 그려진 카드가 반으로 나뉘어 있어요.
왼쪽의 모습을 잘 보고 나머지 반쪽을 찾아 선을 그어 보세요.

그림 퍼즐

나무를 톡톡!

딱따구리가 가지에 앉아서 부리로 나무를 톡톡 쪼고 있어요.
화살표 방향으로 길을 따라 선을 그려 보세요.

참 잘했어요

램프의 거인

램프에서 거인이 나타났어요. 액자 속 거인의 모습을 잘 보고,
연기 속에서 똑같이 생긴 거인을 찾아 ◯ 해 보세요.

복슬복슬 털실

복슬복슬 털실로 따뜻한 스웨터와 장갑, 목도리를 만들어요.
화살표 방향을 잘 보고 ● 부터 ○ 까지 털실을 연결해 보세요.

점 잇기

동물 퍼즐 놀이

동물 퍼즐을 맞추며 놀고 있어요. 왼쪽의 퍼즐 모습을 잘 보고,
빈 곳에 들어갈 알맞은 조각을 오른쪽에서 찾아 ○ 해 보세요.

그림 퍼즐

핑글핑글 헬리콥터

헬리콥터가 날개를 핑글핑글 돌리며 하늘을 날고 있어요.
화살표 방향으로 길을 따라 선을 그려 보세요.

멋진 동물 친구

친구들이 돋보기로 동물들의 모습을 살펴보고 있어요. 각각
어떤 동물의 모습인지 오른쪽에서 찾아 선을 그어 보세요.

깨끗한 목욕 시간

준이가 구석구석 깨끗하게 목욕을 해요. 화살표 방향을 잘 보고,
● 부터 ● 까지 이어서 시원하게 나오는 물줄기를 그려 보세요.

점 잇기

찰칵! 소풍 사진

친구와 함께 사진을 찍었어요. 초록과 보라에 들어갈 알맞은
부분을 아래에서 각각 찾아, ○를 같은 색으로 칠해 보세요.

그림 퍼즐

블록으로 쌓은 성

블록을 조심조심 쌓아서 커다랗고 멋진 성을 만들었어요.
화살표 방향으로 길을 따라 선을 그려 보세요.

미로

즐거운 소풍

친구와 함께 즐거운 소풍을 왔어요. 접시 위에 있는 것들을
잘 보고, 어울리지 않는 두 가지를 찾아 ◯ 해 보세요.

그림 찾기

활짝 핀 해바라기

노란 해바라기가 활짝 폈어요. 화살표 방향을 잘 보고,
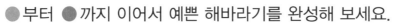 부터 ● 까지 이어서 예쁜 해바라기를 완성해 보세요.

소중한 장난감

친구들이 아끼고 좋아하는 장난감을 모았어요. 퍼즐의 빈 곳에
들어갈 알맞은 조각을 오른쪽에서 찾아 ○ 해 보세요.

참 잘했어요

쪼르르 물방울

화분에 쪼르르 물을 주었어요. 물방울이 화분을 통과해서
흙을 촉촉히 적실 수 있도록 알맞은 길을 따라가 보세요.

미로

예쁜 신발 가게

친구들이 가게에서 신발을 고르고 있어요. 신고 있는 신발을
잘 보고, 나머지 한 짝을 오른쪽에서 찾아 선을 그어 보세요.

신비한 요정

신비한 요정이 요술 봉을 들고 하늘을 훨훨 날고 있어요.
같은 색깔 점끼리 줄줄이 이어서 요술 봉과 날개를 만들어 보세요.

점 잇기

신 나는 여행

동물 친구들이 자동차를 타고 여행을 가고 있어요. 노랑과
보라에 알맞은 부분을 각각 아래에서 찾아 선을 그어 보세요.

참 잘했어요

미로

재미난 축구

재미난 축구 경기가 열렸어요. 요리조리 축구공을 몰아서
골대에 넣을 수 있도록 알맞은 길을 따라가 보세요.

이삿짐 트럭

물건을 가득 싣고 이사를 가요. 트럭에 비친 그림자의 모양을
잘 보고, 들어 있는 물건을 아래에서 모두 찾아 ○ 해 보세요.

참 잘했어요

모락모락 찻잔

찻잔에서 뜨거운 김이 모락모락 나고 있어요. 같은 색깔 점끼리
줄줄이 이어서 찻잔과 받침을 만들고, 예쁘게 색칠해 보세요.

참 잘했어요

빨간 모자

빨간 모자가 할머니 댁에 가고 있어요. ○와 △에 들어갈
퍼즐을 각각 아래에서 찾아, 같은 모양으로 표시해 보세요.

미로

빨대로 쪽쪽!

친구들이 빨대로 음료수를 마시고 있어요. 빨대를 따라가서
우유를 먹고 있는 친구는 누구인지 찾아 ○ 해 보세요.

뽀드득 깨끗하게!

민호가 깨끗이 씻으려고 해요. 욕조 안에 있는 물건을 잘 보고,
씻을 때 사용하는 물건 세 개를 찾아 ○ 해 보세요.

참 잘했어요

과일과 채소가 가득!

싱싱한 과일과 채소 안에 무엇이 숨어 있을까요?
파란색 점을 줄줄이 이어서 무엇이 나타나는지 알아보세요.

참 잘했어요

맛있는 간식

엄마가 맛있는 간식을 준비해 주셨어요. 퍼즐의 빈 곳에
들어갈 알맞은 조각을 오른쪽에서 찾아 ○ 해 보세요.

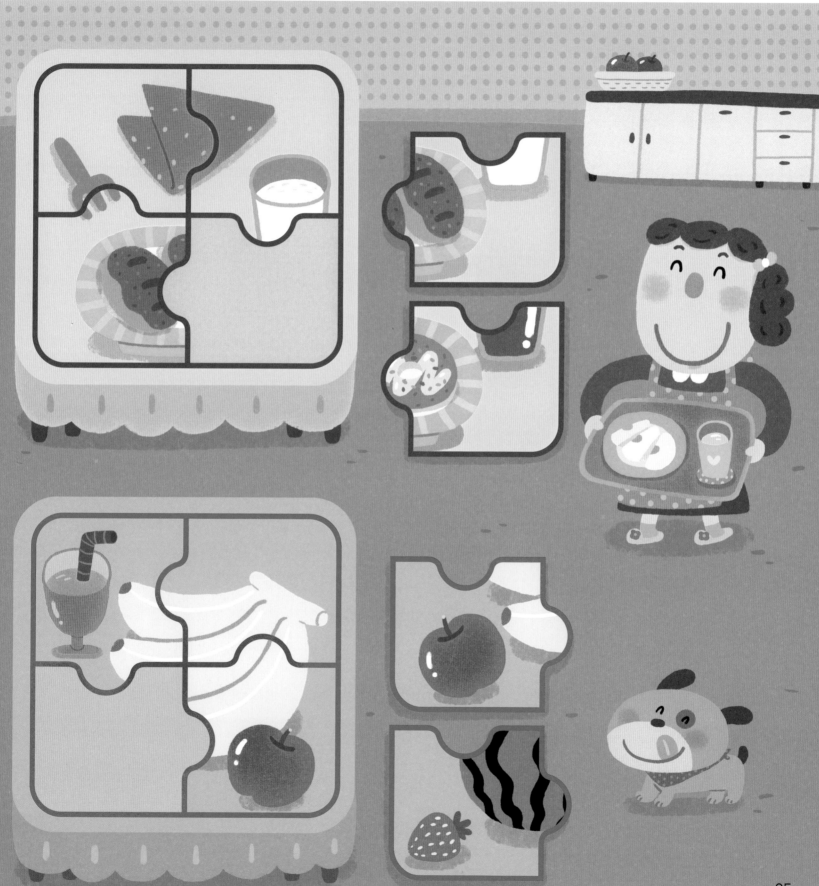

소방차가 출동!

소방차가 불이 난 곳으로 재빠르게 출동하고 있어요.
불을 빨리 끌 수 있도록 알맞은 길을 따라가 보세요.

공사중

와글와글 내 방

윤아의 방에 여러 가지 물건이 있어요. 방 안을 잘 살펴보고,
방과 어울리지 않는 세 가지를 찾아 ○ 해 보세요.

참 잘했어요

27

점 잇기

예쁜 내 모자

내가 좋아하는 모자를 쓰고 꽃밭에 왔어요. 같은 색깔 점끼리
줄줄이 이어서 모자를 만들고 예쁘게 색칠해 보세요.

오르락내리락 시소

하마와 고양이가 시소를 타요. 노랑과 파랑에 알맞은 부분을
각각 아래에서 찾아, ○를 같은 색으로 칠해 보세요.

참 잘했어요

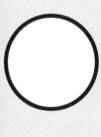

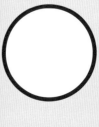

수돗물이 콸콸!

너구리가 화단에 물을 주려고 해요. 엉켜 있는 호스를 따라가서
물이 나오는 수도꼭지는 무엇인지 찾아 ◯ 해 보세요.

참 잘했어요

물감을 쭉!

물감을 쭉 짜서 모양을 만들었어요. 스케치북에 나타난 모양을
잘 보고, 아래에서 같은 모양의 그림 세 개를 찾아 ○ 해 보세요.

참 잘했어요

동글동글 무늬

동그란 무늬 속에 무엇이 숨어 있을까요? 같은 색깔 점끼리
줄줄이 이어서 각각 무엇이 나타나는지 알아보세요.

씽씽 쌩쌩 썰매

친구들이 눈밭에서 신 나게 썰매를 타고 있어요. 빈 곳에
들어갈 알맞은 부분을 아래에서 찾아 ○ 해 보세요.

배고픈 개미

배고픈 개미가 음식을 찾고 있어요. 개미가 달콤한 케이크를
먹을 수 있도록 개미 그림이 있는 길만 따라가 보세요.

미로

참 잘했어요

34

귀여운 곰 인형

내가 좋아하는 곰 인형을 사러 가게에 왔어요. 빨간 액자에 있는
인형을 잘 보고, 선반에서 똑같은 인형을 찾아 ○ 해 보세요.

내가 그린 모양

커다란 종이에 그림을 그렸어요. 왼쪽의 모양을 잘 보고,
오른쪽에 점을 이어서 똑같은 모양을 만들어 보세요.

점 잇기

풀밭의 무당벌레

풀밭에 있는 무당벌레의 모습을 사진으로 찍었어요. 퍼즐의
빈 곳을 알맞은 색으로 칠해서 사진을 완성해 보세요.

그림 퍼즐

우리 유치원

오늘은 유치원에서 예쁘게 그림을 그릴 거예요. 그림을 그릴
때 필요한 물건들만 따라가서 유치원에 도착해 보세요.

미로

자동차 경주

자동차 경주가 열렸어요. 게시판에 있는 1등 자동차의 모습을
잘 보고, 아래에서 똑같은 차를 찾아 ◯ 해 보세요.

참 잘했어요

로봇의 암호

로봇의 몸에 재미난 암호가 나타났어요. 왼쪽의 모양을 잘 보고,
오른쪽에 점을 이어서 똑같은 모양을 만들어 보세요.

점 잇기

동물 울타리

농장에 사는 동물들의 모습을 울타리에 그렸어요. 보라색 칸에
들어갈 알맞은 부분을 아래에서 각각 찾아 선을 그어 보세요.

아빠와 나들이

아빠와 함께 즐거운 소풍을 나왔어요. 동물원에 도착할 수
있도록 동물 얼굴이 있는 표지판을 따라가 보세요.

미로

42

엄마의 선물

엄마가 장난감을 사 오셨어요. 쇼핑백에 비친 그림자의 모양을
잘 보고, 들어 있는 선물을 아래에서 모두 찾아 ○ 해 보세요.

참 잘했어요

척척 빨래 널기

엄마를 도와서 빨래를 널었어요. 1부터 5까지 숫자 순서대로
점을 이어서 빨랫줄에 널린 티셔츠와 바지를 만들어 보세요.

참 잘했어요

바닷속 풍경

바닷속 동물들의 모습이에요. ○와 △에 들어갈 알맞은 부분을
각각 아래에서 찾아, 같은 모양으로 표시해 보세요.

참 잘했어요

과일 원두막

과수원에서 싱싱한 과일을 많이 땄어요. 농부 아저씨가 원두막에
도착할 수 있도록 과일이 더 많은 쪽을 따라가 보세요.

미로

뒤뚱뒤뚱 펭귄

펭귄들이 얼음 위에서 놀고 있어요. 펭귄의 모습을 잘 보고,
모습이 다른 펭귄 한 마리를 찾아 ○ 해 보세요.

냠냠 간식 시간

내가 좋아하는 간식 시간이에요. 1부터 5까지 숫자 순서대로
점을 이어서 케이크와 주스를 만들어 보세요.

참 잘했어요

요리조리 모양 퍼즐

모양 퍼즐로 집과 나무를 만들었어요. 위에 있는 조각을 잘
보고, 아래에서 같은 모양을 찾아 똑같은 색으로 칠해 보세요.

49

엉금엉금 거북

거북이가 엉금엉금 기어가고 있어요. 시원한 바닷물에 풍덩
들어갈 수 있도록 알맞은 길을 따라가 보세요.

미로

꽥꽥 오리 가족

오리 가족이 호숫가로 나들이를 왔어요. 위와 아래의 그림을
잘 보고, 달라진 두 곳을 찾아 아래 그림에 ○ 해 보세요.

왁자지껄 놀이터

놀이터에서 친구들과 신 나게 놀아요. 숫자 순서대로 점을
이어서 그네와 미끄럼틀을 각각 완성해 보세요.

참 잘했어요

부지런한 굴착기

굴착기가 열심히 흙을 파고 있어요. 빈 곳에 들어갈 알맞은
부분을 각각 아래에서 찾아 선을 그어 보세요.

그림 퍼즐

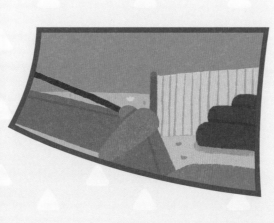

놀이터로 출발!

친구와 놀이터에서 만나기로 했어요. 놀이터에서 재미있게
뛰어놀 수 있도록 알맞은 길을 따라가 보세요.

미로

미끌미끌 스케이트

친구들이 즐겁게 스케이트를 타고 있어요. 얼음판에 나타난
두 가지 그림을 찾아 이름을 말하고 예쁘게 색칠해 보세요.

참 잘했어요

두근두근 선물 양말

크리스마스트리에 커다란 양말을 걸어 장식해요. 1부터 10까지
숫자 순서대로 점을 이어서 양말을 만들어 보세요.

당근과 바나나

토끼와 원숭이가 당근과 바나나를 길러요. 퐛말의 그림을
잘 보고, 빈 곳에 들어갈 알맞은 퍼즐 스티커를 붙여 보세요.

느릿느릿 달팽이

하늘에서 갑자기 비가 내려요. 달팽이가 버섯 아래로 내려가서
비를 피할 수 있도록 버섯에 있는 길을 따라가 보세요.

미로

숫자들의 숨바꼭질

그림 찾기

오리와 새들이 있는 숲 속 풍경이에요. 숲의 모습을 잘 보고,
숨어 있는 숫자 1, 2, 3을 찾아 ○ 해 보세요.

참 잘했어요

빛나는 촛불

어두운 밤이 되었어요. 1부터 10까지 숫자 순서대로 점을 이어서
밝게 빛나는 촛불을 만들고 예쁘게 색칠해 보세요.

피노키오와 할아버지

피노키오의 한 장면을 퍼즐로 맞춰요. 책에 있는 작은 그림을
보고, 빈 곳에 퍼즐 스티커를 붙여서 똑같이 만들어 보세요.

그림 퍼즐

활짝 웃는 얼굴

하은이가 숲 속에서 길을 잃었어요. 엄마에게 무사히 돌아갈
수 있도록 활짝 웃는 얼굴만 따라가 보세요.

미로

동물들의 숨바꼭질

사슴, 카멜레온, 무당벌레가 숲 속에서 숨바꼭질을 해요.
아래에서 숨어 있는 동물들을 모두 찾아 ○ 해 보세요.

그림 찾기

참 잘했어요

63

멍멍 강아지 집

강아지가 쿨쿨 잠을 자고 있어요. 1부터 10까지 숫자 순서대로
점을 이어서 강아지의 집을 만들고 예쁘게 색칠해 보세요.

점 잇기